AW

Diese Regentag-Haikus verweigern sich den Vorgaben. Bis auf das Motto – das sich an die klassische Form des Dreizeilers und an das Silbenschema (fünf Silben in der ersten, sieben in der zweiten, fünf in der dritten Zeile) anlehnt, variieren die Verse das Muster fern jeder Doktrin mit großer Freiheit, unbeschwert von Satzzeichen. Das gilt auch für den Inhalt. Nicht die Beobachtung der Natur steht im Mittelpunkt, vielmehr geht es um Menschen, Situationen und Gefühle. Ganz bedächtig tropfen die Regentag-Haikus ins Bewusstsein des Lesers und der Leserin, sprechen von Sein und Schein und immer wieder auch von der Vergeblichkeit, Gewissheit im Ungewissen zu finden.

Adelhard Winzer, geboren in Karlshuld, Donaumoos, lebt heute im Chiemgau. Erlernte das Bäckerhandwerk. Spielte mit sechzehn in der ersten Band. War Discjockey und als Berufsmusiker in Deutschland, Österreich und der Schweiz unterwegs. Veröffentlichte ein Kinderbuch. Arbeitete in einer Großbank. Wurde zur Lesung in den Grünen Salon der Volksbühne Berlin eingeladen. Belegte den dritten Platz beim Fränkischen Kurzgeschichtenpreis. Widmete sich, nach dem Eintritt ins Pensionsalter, endgültig dem Schreiben und Zeichnen.

ADELHARD
WINZER
REGENTAG
Haikus

Bibliografische Information der
Deutschen Nationalbibliothek: Die
Deutsche Nationalbibliothek verzeichnet
diese Publikation in der Deutschen
Nationalbibliografie. Detaillierte
bibliografische Daten sind im Internet
über http://dnb.dnb.de abrufbar.
Die automatisierte Analyse des
Werkes, um daraus Informationen
insbesondere über Muster, Trends und
Korrelationen gemäß §44b UrhG („Text und
Data Mining") zu gewinnen, ist untersagt.

Verlag: BoD · Books on Demand GmbH,
Überseering 33, 22297 Hamburg,
bod@bod.de
Druck: Libri Plureos GmbH,
Friedensallee 273, 22763 Hamburg
Umschlaggestaltung:
Adelhard Winzer

ISBN: 978-3-7519-0803-0

REGENTAG

IM FERNGLAS EIN KIND
NICHTSAHNEND STAPFT ES VOR MIR
TIEFER WEISSER SCHNEE

Verständnis

Aufstand der Morgen
aus seiner Müdigkeit
und ließ es geschehen

Allein

Verloren und ratlos
trostlos im Augenblick

Umkehrschluss

Was dir alles nicht gefällt
hat auch mit mir zu tun

Einblick

Du entfernst dich jeden
Tag weiter von dir selbst
und willst doch zu dir

Das Licht

Zur Unzeit geboren
erkennt dich selbst
das Licht nicht mehr

Die Bande

Ringfinger und Hände
zu zweit und die Zeit
erwachsener Kinder

Der Wunsch

Im Gefühl dass was nicht
stimmt ruhig verweilen

Die Entschuldigung

Ich gehöre überhaupt
nicht hierher beschönige
nichts gebe alles zurück

Weissagung

Der Morgen danach
sagt dir mehr als
der Moment davor

In der Wildnis

Er ist einsam in der
Wildnis und allein
unter Menschen

Der Traum

Du bist es nicht warst nie
der andere nicht ein Kind auf
der Wiese auf dem Spielplatz

Absicht

Er will alles nicht entschuldigt
sich für das was du nicht kennst

Das Glück

Du Glücklicher der
du so aussieht wirst
es freilich nie sein

Der Schritt

Er hat es weit gebracht
dass du ihm glaubst auch
wenn alles nicht stimmt

Vorsicht

Kinderlied im Morgengrauen
rundherum nur die Illusionen

Eine Frage

Millionen Milliarden
für wen und warum
machst du das alles

Die Farbe

Blau ist nicht Rot aber
der im befleckten Hemd
könnte es gewesen sein

Die Suche

Lieben nein verzeihen
schwarze Augen tränen
blind such einfach weiter

Verstehen

Er will und muss einfach
dabei gewesen sein sonst
niemand wenn du das
verstehst versteht du ihn

Wissen

Glaub ruhig was du nicht glaubst
vielleicht gebe ich dir auch recht

So nicht

Mit aller Gewalt muss man
nicht dabei gewesen sein

Mit geschlossenen Augen

Danke ihr und mach dich bereit
auch wenn du sie nicht kennst

Zeit

Du weißt es oder weißt du es
doch nicht die Zeit ist jetzt

Der Gedanke

Eine Freude im rechten
Augenblick mit dir allein

Fantasien

Der Flügel im Wind hat mit uns
nichts zu tun und du auch nicht

Schreiben

Wenn du es nicht verstehst das
Wort am richtigen Platz sagt es

Der Wille

Hier bin ich hier bleibe ich
da möchte ich gewesen sein

Korrektur

Die anderen haben recht
stimmt genau es ist wahr
obwohl es nicht stimmt

Der Wunsch

Eine Stunde ist gar nichts

Die Wahrheit

Schneller gehts nicht
aber es wird schneller

Der Mund

Dein Mund sagt mir alles
selbst wenn er schweigt

Vermutung

Er lügt und betrügt sagt
ohne ihn wärst du nichts

Dein Leben

Ich habe ihr lange sein Leben
erklärt dass es mein Leben ist

Einsicht

Im Kreis das Viereck anpassen
auch so wäre dein Leben nichts

Licht und Schatten

Im Licht und im Schatten in der
Nacht deine Gedanken behalten

Das Gespräch

Die gescheite Frau unterhält
sich mit der dummen Frau

Ich und du

Meilenweit entfernt auch
der Mond und die Sonne

Der Hinweis

Der richtige Moment
die Erkenntnis stimmt
das wäre es gewesen

Versteck

Der Morgenstern im Baum spielt
Versteck mit einem Vogelnest

Hier geht's weiter

Das weiß ich nicht und
das auch nicht ich bin
nicht der den du siehst

Demut

Opa wie geht's
ich bin es nicht
sehe nur so aus

Überfluss

Das weißt du auch du hast
die Erfahrung schon gemacht
also brauchst du sie nicht mehr

Erfolg

Der große Meister sagt
jedes Werk muss durch
drei Stadien Lächerlichkeit
Ablehnung Akzeptanz

Anleitung

Am Telefon herablassend und
spöttisch sagen dass es auch jeder
hören kann unser Künstler ist da

Glaube

Du und du auch
du glaub an dich
wenn es dich gibt

Die Prüfung

Groß- und Kleinschreibung
Interpunktion Grammatik
lauter rote Striche wie im
Gefängnis kam ich mir vor

Zucker

Dem Besserwisser der
alles verändert sagte
ich es klipp und klar
die Suppe mit Zucker
schmeckt mir nicht

Vorsatz

Du musst nicht gleich alles sagen
lass die anderen sein was sie sind
wahrscheinlich sind sie gescheiter

Grundgesetz

Ignoriere die Reichen
unterstütze die Armen
gib Acht auf Kinder

Schule

Der Lehrer mit dem alles
durchdringenden Blick

Das Ergebnis

Ich weiß es stimmt
die anderen haben
es auch so gemacht

Die Wahrheit

Man hörte ihn schon von weitem
hier werden Sie genauso belogen

Denken

Ich schreibe und du denkst
also sag was du gedacht hast
das sag ich nicht ich meine
bevor ich dich das fragte
das weiß ich nicht mehr

Der Nachmittag

Der Hilferuf einer Frau zerriss
die Stille des Nachmittags

Der strenge Blick

Sie hat Muskeln Beine
spricht wie ein Mann
eine Figur aber strenge
Blicke die nicht gefragt sind
hier und auch nicht dort

Geräusche

Hör auf die Geräusche der Wind
rauscht wie im tiefen Wald es ist
das Meer der Vogel singt aber
das sind die Leinen der Schiffe
die Umkleidekabine hör bitte
genau hin was du nicht hörst

Der Ort

Ich muss mir was erfinden
an diesem strengen Ort
zwei Schritte und Zeit
ergeben hier nicht drei

Witterung

Witterungsverhältnisse spielen
keine Rolle brütende Hitze
nicht allein der Wind verstärkt
unseren Glauben an die Nacht

Der Sänger

Der Sänger und das Instrument
Zuschauer wenden sich ab
gelbbefrackte Turner allein
als Strich im Kanariengelb

In der Fremde

Dort gibt es Nebel nasse Trauben
Regen kalte Schultern Schauer

Das Boot

Ein Boot auf dem Meer
weit entfernt als Lärm
kein Licht Stromausfall
die Hand vor der Stirn

Die Richtung

Ein kurzer Atemzug genügt
Blick in die richtige Richtung

Der Wunsch

Ich will gehen ich weiß immer
ganz sicher wann ich gehen will

Die Farbe

Blau wie im Dunkeln der
Betrunkene in einer Gasse
das Leid und die Sterne blau
verloren allein in der Nacht

Lebenslauf

Wut Trost Angst und Tod
alles verständlich aber die
Menschen liebe das nicht

Der Traum

Träume was du träumst heißt
nicht später vielleicht eine
Stimme ein Echo das dir
den Weg zeigt nach Hause

Das Gesicht

Wer kennt den Rhythmus
die Gesichter im Fenster
könnten dir ähnlich sein

Leben

Kraniche im Frühlingswind
Wolken Rosse überqueren
den ausgetrockneten Fluss
und das Leben beginnt

Das Lied

Das Lied kenne ich auch
alles so oft gehört dass ich
es schon nicht mehr höre

Wiesen und Felder

Weißt du es kennst du es lass
es dir erzählen von einer anderen
wie die es sieht hast du es noch
nicht gesehen lass dich bitte
aufmerksam machen schweige

Nachzügler

Hier kommen die Nachzügler
die es nicht glauben dafür
gibt es Glocken ringsumher
die es lautstark verkünden

Kinder

Kinder wissen das und das
und sagen es nicht für sich
also lass sie es sieht so weich
aus und hört sich auch so an
wunderbar lass sie lass sie

Der Schmerz

Trauer und Schmerz vergehen
hör dir das an wenn du gehst
über den Kiesweg im Hof des
Friedens allein das ist wichtig

Erkennung

Vorbei gehen alle und der
schaut aus als wäre er nicht
hier und die anderen sehen
erkennen dich aber nicht

Fortsetzung

Alles was ist und alles was
war und alles was wir uns
wünschen den Kindern
Alten allen anderen auch

Freude

Sei froh dass es dich gibt
noch lachend weinen kannst
wann hast du zuletzt gelacht

Wellen

Kommen Wellen auf dich
zu musst du sein wie ein
Akkordeon musst du nicht
solltest auch nicht nur bei
dir sein in dir nicht bei der
oder der oder der anderen

Bedeutung

Schöne Schwingung nichts zu
tun erledigen wollen oder sein
nichts schon gar nichts das bleibt
macht nichts hat dann überhaupt
nichts zu bedeuten ganz allein

Zukunft

Zeig was du kannst
wenn du es kannst

Aufwärts

Ein Aufstieg Abstieg
weit oben und ganz
unten dann wirst du
wachsen größer sein
so klein wie ein Kind

Der Weg

Wer hat deine Richtung
eingeschlagen wer bleibt
und wer geht weiter wer
weiß es und wer nicht

Chiemgau im Winter
2024/2025

Adelhard Winzer

Die Sprachgrenze
Geschichten. 2018. 184 Seiten
Paperback. ISBN 9783746087429
(Auch als E-Book erhältlich)

Lügengeschichten
2018. 132 Seiten. Paperback
ISBN 9783752862102
(Auch als E-Book erhältlich)

Stockholm Blues
Kurzprosa. 2018. 92 Seiten
Paperback. ISBN 9783752839814
(Auch als E-Book erhältlich)

Hundert Zeichnungen
2018. 116 Seiten. Paperback
ISBN 9783744885737
(Auch als E-Book erhältlich)

Grundsätze über die Kunst
2018. 72 Seiten (Ohne Paginierung)
Paperback. ISBN 9783748102038
(Auch als E-Book erhältlich)

Andreas
(Reprint). 2019. 80 Seiten
Paperback. ISBN 9783749436804
(Auch als E-Book erhältlich)

33 Computer-Zeichnungen
2019. 88 Seiten (Ohne Paginierung)
Paperback. ISBN 9783748108559
(Auch als E-Book erhältlich)

Der Pensionist
Geschichten. 2019. 156 Seiten
Paperback. ISBN 9783749455041
(Auch als E-Book erhältlich)

Krethi und Plethi / Das Korkenspiel
Zwei Stücke. 2019. 124 Seiten
Paperback. ISBN 9783750414716
(Auch als E-Book erhältlich)

Die kürzeste Liebesgeschichte der Welt
Gedichte. 2020. 124 Seiten. Paperback
ISBN 9783750437289
(Auch als E-Book erhältlich)

Die Kunst des Drachentötens
Capriccios. 2020. 148 Seiten
Paperback. ISBN 9783751937122
(Auch als E-Book erhältlich)

Lieblose Zeiten
Gedichte. 2020. 116 Seiten
Paperback. ISBN 9783750452015
(Auch als E-Book erhältlich)

Liebes, böses Kind
Drama. 2020. 88 Seiten
Paperback. ISBN 9783751976794
(Auch als E-Book erhältlich)

Maratonga
Ein Traumspiel. 2020. 104 Seiten
Paperback. ISBN 9783751993920
(Auch als E-Book erhältlich)

Strandgut
Miniaturen. 216 Seiten (ohne Paginierung)
2021. Paperback ISBN 9783750442276
(Auch als E-Book erhältlich)

Heimkehr
Erzählung. 2021. 88 Seiten
Paperback. ISBN 9783753408361
(Auch als E-Book erhältlich)

Über die Sprache hinaus
Biographisches. 2021. 84 Seiten
Paperback. ISBN 9783753460789
(Auch als E-Book erhältlich)

Rückschau. Lesebuch. 2021. 184 Seiten
Paperback. ISBN 9783753472461
(Auch als E-Book erhältlich)

Ich bin offen für alles
Geschichten. 2021. 160 Seiten
Paperback. ISBN 9783754311431
(Auch als E-Book erhältlich)

Babylon! / Callas
Zwei Stücke. 2021. 156 Seiten
Paperback. ISBN 9783754312605
(Auch als E-Book erhältlich)

Lebenslauf
Gedichte. 2021. 100 Seiten
Paperback. ISBN 9783754315088
(Auch als E-Book erhältlich)

Repetition
Ein Spiel. 2021. 116 Seiten
Paperback. ISBN 9783754355916
(Auch als E-Book erhältlich)

Ich werde heute nicht an sie denken
Roman. 2021. 212 Seiten. Paperback
ISBN 9783755727613
(Auch als E-Book erhältlich)

Buch der Träume
Aufzeichnungen. 2021. 144 Seiten
Paperback. ISBN 9783755758877
(Auch als E-Book erhältlich)

Vom Gehen im Kreis / Als ich das Meer war
Zwei Stücke. 2022. 88 Seiten. Paperback
ISBN 9783755760085
(Auch als E-Book erhältlich)

Jazz
Stories. 2022. 184 Seiten
Paperback. ISBN 9783756203659
(Auch als E-Book erhältlich)

Friedland
Ein Spiel. 2022. 128 Seiten
Paperback. ISBN 9783756292011
(Auch als E-Book erhältlich)

Skizzen. 2022. 152 Seiten
Paperback. ISBN 9783756829101
(Auch als E-Book erhältlich)

Die Portugiesische Treppe
Komödie. 2023. 112 Seiten
Paperback. ISBN 9783757817107
(Auch als E-Book erhältlich)

Der Watzmann
Miniaturen. 2023. 136 Seiten
Paperback. ISBN 9783746035963
(Auch als E-Book erhältlich)

Einen Apfel auf der Straße essen
Journal. 2024. 164 Seiten. Paperback
ISBN 9783758321542
(Auch als E-Book erhältlich)

Chaos
Fragment.2024. 180 Seiten
Paperback. ISBN 9783759766649
(Auch als E-Book erhältlich)

Der Mörder von Wien
Fragment. 2025. 232 Seiten
Paperback. ISBN 9783759734426
(Auch als E-Book erhältlich)